PHRÉNOLOGIE.

TYPOGR.
Emm. Hoyois
A MONS.

Médailles
1833 1835
1841.

Hopwood sc.

DISCOURS PHRÉNOLOGIQUE

SUR

NAPOLÉON,

PAR CAMILLE WINS,

VICE-PRÉSIDENT DE LA SOCIÉTÉ DES SCIENCES, DES ARTS
ET DES LETTRES DU HAINAUT,
SECRÉTAIRE DES BIBLIOPHILES BELGES,
A MONS.

BRUXELLES.
RUE DE LA MADELAINE, 9.
LIBRAIRIE POLYTECHNIQUE D'AUG. DECQ.
1845.

Le système de Gall a produit en philosophie, une révolution complète. L'Idéologie naturelle avait bien soupçonné l'existence des principales facultés de l'intelligence humaine ; la Phrénologie seule est venue les démontrer toutes, en leur donnant une base visible.

Nous pensons par le cerveau, et nous devons reconnaître qu'il y a une grande variété dans les caractères. Est-il si déraison= nable de croire, que la dissemblance des crânes provient de cette diversité ? Il y aurait des effets sans causes et la Nature serait une vaine ouvrière. — Et pourquoi ne serait-on pas encore ici sur la trace des règles fondamentales qu'elle suit dans ses créa= tions ? Pense-t-on que les secrets de Dieu soient si limités, que cette nouvelle découverte toucherait aux bornes de sa puissance ?

Il sera toujours difficile, sans doute, d'appliquer exactement les données phrénologiques et surtout de les combiner entre elles. — Mais il ne sera plus possible désormais de se tromper grandement sur les prédispositions générales des individus. Le germe des vrais talents ne restera plus sans fécondation, Les capacités demanderont leur place.

L'accroissement rapide des populations dissipera les fortunes, morcellera les héritages. Un temps viendra, et ce temps n'est pas loin peut-être, où *il n'existera plus que des positions individuelles.*

Alors l'homme intelligent et sain sera seul riche et considéré ; car le courage et le savoir-faire seront nos uniques domaines.

Déjà la Science est populaire, l'entente des Arts devient commune, l'Activité travaille les familles, l'Industrie fait des prodiges et la soif des jouissances prend l'aspect épidémique. Chacun commence à sentir intimement sa valeur personnelle. *Il ne restera bientôt plus aux gouvernants, aux Grands de la terre, qu'à faire aux masses éclairées et laborieuses, des concessions prudentes et successives : telle doit être déjà aujourd'hui la sagesse des Nations civilisées.*

L'Humanité est dirigée par des causes finales qui sont en marche depuis son enfance; tous les hommes remplissent leur rôle et vont d'instinct à un but particulier. Le Communisme n'est qu'une utopie pour des Anges : il ne portera pas la perturbation dans la marche sociale actuelle.

Mais dans la cohue, quel flambeau viendra jeter ses lueurs ? La Phrénologie. Ainsi que toutes les choses les plus utiles qui ne s'établissent que lentement et comme d'elles-mêmes, cette science fera sans bruit le tour du Monde. — Sa propagation est un heureux Apostolat.

— Nous avons essayé trois discours philosophiques sur la Phrénologie; le dernier finissait ainsi :

« Il reste établi que les organes phrénologiques entraînent une multitude de *combinaisons* diverses, qu'il est indispensable de former, pour arriver à juger sainement des individus.

« Nous appliquerons ce principe si fécond, à la plus grande célébrité des temps modernes et aux événements extraordinaires dont Napoléon fut le Héros. » — C'était le thème de ce quatrième discours.[1]

Ce choix n'étonne pas, quand on réfléchit que jamais homme n'a été plus connu : le prendre comme exemple, c'est en appeler au jugement de tous, et c'est ce que nous faisons pour l'opuscule qu'on va lire.

23 novembre 1844.

[1] Prononcé en séance anniversaire de la Société du Hainaut, le 18 mars 1845.

BONAPARTE.

⁂

Le cinq mai avait vu commencer la révolution française, en mil sept cent quatre-vingt-neuf, par l'ouverture des États-Généraux ; il devait la voir finir, trente-deux ans plus tard, par la mort de celui qui en avait été la personnification glorieuse. — Le cinq mai mil huit cent vingt et un, vers six heures du soir, à l'instant où le canon de S.te-Hélène annonçait le coucher du soleil, **NAPOLÉON** descendait dans la tombe.....

Avant de le déposer où vont se niveler toutes les grandeurs, le docteur Antommarchi eut l'heureuse curiosité de faire à cet étonnant génie, l'application du système crâniologique. — Les organes les plus apparents qu'il découvrit étaient ceux : 1.º de la *Dissimulation*, 2.º des *Conquétes*, 3.º de la *Bienveillance*, 4.º de l'*Imagination* et 5.º de l'*Ambition* ou amour de la gloire ; et, sous le rapport des facultés intellectuelles, ceux : 1.º de l'*Indi=vidualité*, 2.º des *Localités* ou rapports de l'espace, 3.º du *Calcul*, 4.º de la *Comparaison* et 5.º de la *Causalité* ou esprit d'induction.

Nous allons compléter les observations judicieuses de ce médecin distingué, en nous servant de la copie qu'il a prise de la tête de l'Empereur des Français. Nous recher=cherons, dans la conformation du cerveau de cet illustre conquérant : le mobile secret de ses actions ; les causes de son élévation, de sa puissance, de sa décadence et de sa chûte ; et l'on sera convaincu, que la vie de ce grand homme démontre, *a posteriori*, la vérité de la Phrénologie.

Quel fut Napoleone di Buonaparte?

Sa taille était de cinq pieds deux pouces quatre lignes. Ses cheveux, fins, lisses, rares sur le front et aux tempes, et touffus à l'occiput, étaient de couleur châtain-clair. Son front, uni, vaste, élevé, d'une largeur démesurée, contrastait avec des traits réguliers, plus agréables que saillants. Il avait le regard imposant, pénétrant et médi= tatif. Ses yeux bleus, ardents comme ceux de l'aigle et dans un mouvement continuel, se portaient avec rapidité sur tous les objets qui l'environnaient. Son nez, de forme grecque, était long, mince, d'un dessin pur; sa bouche, moyenne, bien fendue, et aux lèvres égales et serrées. Son menton pointu et recourbé était presque sans barbe, et le reste de sa pâle figure, assez gros, quoique heureusement tourné. Somme toute, sa tête, un peu forte, était belle, et l'ovale de son visage basané offrait une régularité calme et parfaite.

Napoléon gesticulait en parlant; sa voix douce, sonore, caressante, harmonieuse, était saisissante et brève. Sa conversation consistait principalement en interrogations; ses expressions étaient rapides, positives et pittoresques. Quand il parlait, ses traits avaient peu de mobilité, excepté près de la bouche, qui souriait avec grâce, mais ne riait jamais.

D'un tempérament bilieux et nerveux jusqu'au spasme, l'Empereur avait une activité prodigieuse, quoique sa lymphe fut épaisse. Il avait la peau blanche; sa fibre était molle et son corps soumis aux plus légères influences, sans pourtant être sujet à aucune maladie. Son sang circulait difficilement, car son poulx ne battait ordinairement que cinquante fois par minute, et les pulsations de son cœur ne se faisaient pas sentir : il n'éprouva jamais de sueurs énervantes, même dans les déserts de l'Afrique.

Sa vie était frugale, son appétit, modéré; il mangeait et buvait fort peu, vite et très-irrégulièrement. Son sommeil était court et tranquille; Bonaparte s'endormait dès qu'il avait besoin de repos, à quelque heure et en quelque lieu que ce fût : il a sommeillé pendant le combat, à portée des boulets, sur les champs de Wagram et de Bautzen.

Le crâne de Napoléon avait vingt-deux pouces de circonférence horizontale, et quatorze de la racine du nez au trou occipital, en passant par le sommet : ces dimensions sont extraordinaires. Le dessus de la tête était large et singulièrement applati ; les temporaux étaient légèrement déprimés et les régions sincipitales très-fortes et très-évasées.

On y remarque quatre groupes d'organes principaux :

PREMIER GROUPE : 1. *Secrétivité,* 2. *Combativité* et 3. *Destructivité.*

DEUXIÈME GROUPE : 4. *Localités,* 5. *Individualité,* 6. *Étendue,* auxquels on peut joindre : 7. *Calcul.*

TROISIÈME GROUPE : 8. *Fermeté,* 9. *Ambition* et 10. *Conscienciosité.*

QUATRIÈME GROUPE , venant immédiatement : 11. *Espérance,* 12. *Merveillosité,* 13. *Idéalité,* 14. *Vénération,* 15. *Bienveillance* et 16. *Causalité.*

Leur ordre de puissance est :

1.º PENCHANTS *(énergiques),* 2.º FACULTÉS PERCEPTIVES *(remarquables),* 3.º SENTIMENTS *(puissants)* et 4.º FACULTÉS RÉFLECTIVES *(développées).*

Nous allons les aborder successivement.

PREMIER GROUPE.

SECRÉTIVITÉ, COMBATIVITÉ, DESTRUCTIVITÉ.

Dans ce premier groupe, la *Secrétivité* est très-pro=
tubérante; aussi joue-t-elle le plus grand rôle dans la
vie de Napoléon, quoique cet instinct soit quelque peu
maintenu par l'*Amour de la justice.*

Cet organe, qui distinguait Jules César, imprima à
Bonaparte un caractère de sagesse et de maturité, qui se
fit apercevoir dès l'âge le plus tendre. Étranger aux plaisirs
et aux délassements de ses jeunes condisciples, on le voyait
toujours, solitaire et rêveur, s'éloigner de leurs jeux et se
recueillir en lui-même. Devenu homme, son habileté fut
profonde, sa politique patiente et conduite par l'esprit de
l'époque et les circonstances du moment. Peu communica=
tif, Napoléon avait un style laconique et serré; silencieux
d'ordinaire, ses locutions étaient courtes et sententieuses.
Sa figure même reprenait à volonté une immobilité
impassible.

Les grands événements de sa carrière si remplie,
sont des preuves frappantes de sa ruse et de sa malice.

Bonaparte quitta subitement l'Égypte, cette terre de
merveilles où il avait assez fait pour son nom, et vint

débarquer à Fréjus, qui devait le revoir encore après son abdication, sans que personne fût dans le secret de ses brusques retours. — De quelles fallacieuses couleurs ne peignit-il pas les préparatifs du dix-huit brumaire? Il surprit les plus clairvoyants, qu'il avait trompés et fait servir à ses ambitieux desseins. Ce qui fit dire à Siéyès : « Nous avons pris un Maître qui veut tout faire, qui peut tout faire et qui *sait tout faire.* »

Depuis, avec quelle lenteur calculée ne prépara-t-il point les voies qui devaient le conduire à l'Empire? Quel soin ne mit-il pas à écarter tous les généraux capables d'imiter Pompée? Quelles intrigues habiles pour se faire offrir le Consulat à vie, l'Hérédité, la Couronne! Quelles astucieuses paroles pour paraître les repousser, et quelle force sur lui-même pour contenir ses plus vifs désirs!

Qui put prévoir l'issue des conférences de Bayonne? L'Empereur Napoléon y développa un système, dont l'astuce égale la violence, et finit par obtenir la renonciation de Charles IV et de ses enfants, à la couronne d'Espagne, à cette terre de feu, dont l'ardent patriotisme devait sécher les lauriers de l'usurpateur, et où allaient commencer des revers, qu'une tardive restitution ne put conjurer.

Joséphine, à qui son époux ne s'était jamais regardé comme irrévocablement uni, n'apprit sa fatale position que par l'annonce d'un éclatant divorce, dont tous les éléments étaient préparés depuis plusieurs années.

Le motif caché du blocus continental, que l'industrie

moderne accomplira, était pour Napoléon la domination européenne, domination qu'il ne pouvait asseoir que sur la ruine de la persévérante Angleterre, devenue pour lui Carthage, ... mais une Carthage qu'il ne put détruire et qui devait, hélas! l'étouffer.

La vérité n'était jamais entière dans les brillants bulle= tins de la Grande-Armée ; il savait la déguiser', l'altérer ou la taire. Il ne craignit pas de mettre souvent ses paroles les plus solennelles en opposition avec ses actions secrètes. Mais la *finesse* napoléonienne n'était pas vulgaire; l'*Estime de soi,* l'*Imagination* et la *Bienveillance* la traduisaient en mots sublimes, ou en actions dont l'apparente magna= nimité séduisait tous les cœurs.

❀

Par son instinct pour la dissimulation, Napoléon Bona= parte maîtrisait ses émotions les plus profondes ; il ne perdait jamais sa présence d'esprit : son savoir-faire était presque sans bornes. Aussi l'Humanité en admiration l'a-t-elle vu : récompenser tous les mérites, exciter toutes les émulations et reculer les bornes de la gloire.

——◦✦◦——

Cependant, si l'Empereur Napoléon a soigneusement dissimulé sa marche ascensionnelle , il a pourtant parfois divulgué ses projets ; — tandis que Talleyrand, chez qui la *Secrétivité* était aussi très-dominante, restait impénétrable à tous ; — cela tenait à la fougue du caractère de Bonaparte. Cet homme impétueux avait d'invincibles penchants de *Combativité* et de *Destructivité ;* n'importe contre qui : il commanda la fusillade sur le peuple d'Ajaccio, canonna les Marseillais fédéralistes, bombarda Toulon, mitrailla les Parisiens et pacifia la Vendée. — Et quand, à son heure dernière, il trace de sa propre main, qu'il agirait encore de même envers le Duc d'Enghien, dans de semblables circonstances, on peut, avec le Poète, parler de cette vague vengeresse qui *lui jetait le nom de Condé.*

❊

Dans sa petite enfance, Napoléon était turbulent, mor= dant ses frères. — « A sept ans, disait-il lui-même, j'étais entêté, obstiné ; rien ne m'en imposait, rien ne me dé= concertait ; j'étais querelleur, lutin ; je ne craignais per= sonne. Je battais l'un, j'égratignais l'autre ; je me rendais redoutable à tous. » — A son adolescence, il était sauvage, ennemi de la toilette. — Vers la puberté, devenu sombre et morose, il faisait ses délices des Guerres de Polybe et d'Arrien. — Ensuite, son geste fut impérieux et son cour= roux s'exhala par de violentes sorties. Ne souffrant pas la contradiction, il fallait toujours le prendre par la douceur, sinon il se cabrait. Son caractère était dominant, brusque, impatient du joug et d'une indomptable opiniâtreté. L'ha= bitude du pouvoir absolu le rendit intraitable, hautain, et sa continuelle oppression froissa ses plus fidèles alliés.

Si sa parole était ferme et sa résolution prompte, son action était subite et forte : il n'hésitait jamais. Il maintenait que pour gouverner, il faut être militaire, et que l'on ne gouverne même qu'en bottes éperonnées.

Ce penchant à la rixe et à la destruction avait doué Bonaparte d'un grand *courage* personnel. Qui ne sait les périls imminents que sa bravoure lui fit courir : à Arcole, à Essling, à Eylau, à Jéna, à Lutzen, à Dresde, à Arcis-sur-Aube, à Mont-Mirail, à Saint-Dizier, à Waterloo, cette Zama où il voulait périr. Le douze avril mil huit cent quatorze, il crut s'empoisonner comme Annibal ; mais, ainsi que Mithridate, il échappa au venin.

Heureusement que la *Bienveillance* modérait la vigueur de ces deux terribles organes, qui furent singulièrement en mouvement pendant toute sa vie, si orageuse et si féconde en prodiges. Et comme il joignait la *Ruse* à la combativité, il s'étudia toujours à ne point paraître l'agresseur, malgré ses usurpations successives, dont les Puissances Européennes avaient si justement à se plaindre.

S'il n'eût pas, avec raison, la lâcheté d'accepter la paix honteuse de Châtillon, ses idées envahissantes venaient de lui faire rejeter une pacification, qui lui donnait le Rhin pour limites.

Ce **PREMIER GROUPE** montre Napoléon *habile,*

audacieux et *vaillant :* politique osé, négociateur adroit et soldat valeureux.

Les organes du DEUXIÈME GROUPE en feront un victorieux capitaine. — Les *Facultés perceptives* ont en effet, chez Bonaparte, un développement tout particulier, et créent, par leur concours, une spécialité éminemment marquante.

DEUXIÈME GROUPE.

LOCALITÉS, INDIVIDUALITÉ, ÉTENDUE, — CALCUL.

Un certificat d'école donné au jeune Bonaparte, por= tait : qu'il savait très-passablement sa *Géographie*.

Napoléon, qui connaissait toutes les plaines illustrées par les grandes batailles, possédait à merveille la *Mé= moire des faits et des lieux*. Il a choisi les pays les plus lointains pour théâtre de ses exploits, fait des courses incessantes d'un bout à l'autre de l'Europe, qu'il sem= blait franchir d'un bond, et même il eût la pensée de pénétrer dans les Indes. La justesse de son coup-d'œil a causé, à Toulon et à Montereau, l'admiration des meil= leurs pointeurs de l'artillerie française. — S'il parcourt ses cartes stragétiques, il prévoit tous les mouvements de l'ennemi, indique les terrains où il le rencontrera, et choisit les positions qu'il doit prendre lui-même. — En campagne, son œil perçant a bientôt reconnu les localités et mesuré l'espace. Il échelonne ses bataillons avec une admirable régularité et concentre son armée avec une précision géométrique. — Au lieu d'attendre ses enne= mis, il tourne leurs forteresses, accourt les surprendre au sein de leurs États, dont il connaît mieux qu'eux les ressources, et, par ses combinaisons hardies, montre à l'Europe effrayée, qu'il existe un nouvel art de faire la guerre et de remporter des victoires.

❦

Dego, Castiglione, Rivoli, la Favorite, le Mont-Thabor, Aboukir; la brillante capitulation d'Ulm; Austerlitz, ce plus beau des triomphes; Jéna, Friedland, Eckmühl, Wagram, et les plaines ensanglantées de la Champagne, resteront d'éternels trophées.

Aux organes de l'*Individualité*, des *Distances*, de l'*Étendue* et des *Localités*, Bonaparte joignait celui du *Calcul*.

Il se distingua toujours à Brienne, par son application aux *Mathématiques*. A l'École militaire de Paris, il passa un examen des plus remarquables, qui lui mérita l'appro= bation du savant Laplace et lui fit obtenir le brevet de lieutenant. Membre de l'Institut, section de Mécanique, il suivait avec intérêt les travaux de cette docte assemblée, où brillaient les Cuvier, les Monge, les Berthollet, dont les noms sont immortels.

On doit à Napoléon : l'organisation cadastrale, celle de l'École polytechnique, la Banque de France, de vastes hôtels des monnaies et un système sans pareil d'admi= nistration publique et de centralisation. Il jouissait d'une réputation singulière parmi les bureaucrates et les faiseurs de chiffres, et plus d'une fois il releva des erreurs consi= dérables, qui avaient échappé à tous les yeux. Peu d'hommes ont mieux connu la valeur du temps et l'ont mieux employé : il semblait le multiplier.

L'Empereur avait une incroyable sagacité pour trouver les moyens variés de faire payer par les vaincus, tous les frais de la guerre. Avec quelle facilité ne savait-il pas pourvoir aux approvisionnements de ses nombreux sol= dats? Nouveau Cadmus, il a fait sortir de terre quarante armées!! — Le détail officiel de ses dépenses en travaux publics, présenté le 25 février 1813 au Corps-Législatif, en porte le total à plus d'un milliard de francs !

Économe par caractère, Napoléon posséda cinq mil= lions d'argenterie, quarante millions en mobilier, quatre cents millions en espèces et un Domaine immense.

Que devait-il nécessairement résulter de la combi=
naison de ces **DEUX PREMIERS GROUPES** d'organes,
qui caractérisaient particulièrement Napoléon Bonaparte?

Son vaste *savoir-faire*, son *courage* admirable, ses
facultés étonnantes pour *calculer*, son ardeur dévo=
rante, qui triomphait de l'espace et du temps, sa rare
perspicacité dans le choix de ses généraux, se prêtant un
mutuel appui, devaient le montrer au Siècle comme le
Dieu de la guerre. — Organisé pour l'attaque, ce géant
des batailles crut qu'il était un esclave condamné par
son organisation et la fatalité des événements, à des
luttes sans relâche. Sisyphe *armé*, il en appelle toujours
aux combats. — Intrépide, invincible, il semble à son
gré disposer de la foudre : c'est Jupiter-Tonnant. Son épée
divise les États ; sa main pèse les monarques ; ses pieds
foulent les Empires. Tout plie sous la puissance de
sa nature énergique. Il promène ses Aigles victorieuses
dans dix-sept capitales, donne soixante batailles rangées,
et ses derniers mots en expirant, sont : *Tête d'armée*. —
Sa vie guerrière est une émouvante et sublime Épopée.

❖

Et quels plus illustres lieutenants entourèrent jamais un
plus grand capitaine? — Ney, le brave des braves ; Kléber ;
Murat, cet autre Hector ; Masséna ; Bernadotte, ce roi
élu ; Foy ; Lamarque ; Brune ; Jourdan ; Mortier ; Davoust ;
Junot ; Eugène Beauharnais ; Augereau ; Sérurier ;

Berthier ; Soult, qui devait si dignement leur survivre, et tant d'autres, dont le nom seul est une illustration. — Tous reconnurent l'ascendant irrésistible de son mer= veilleux génie.

Le TROISIÈME et le QUATRIÈME GROUPE d'organes devaient faire un Dominateur, d'un Être aussi généreuse= ment doué. — Ils lui donnèrent les grandes qualités qui maîtrisent les Humains. Napoléon était *ferme, ambitieux, conscient de lui-même, — ne doutant de rien, exalté, bienveillant et juste.*

TROISIÈME GROUPE.

FERMETÉ, AMBITION, CONSCIENCIOSITÉ.

Bonaparte avait une *Fermeté* plus éclairée que celle du Monarque suédois, que lui aussi appelait Tête-de-fer ; son habileté était bien supérieure : et cette fermeté, tempérée par de la bonté, était plus humaine que celle de Richelieu, ce Ministre-Roi.

Taillé à l'antique, Napoléon, selon le corse Paoli, était un homme de Plutarque : pensif et grave ; l'étonnant

Pichegru lui reconnut un caractère inflexible et un moral de fer : aussi sa persévérance était-elle opi= niâtre. Il exigeait l'obéissance passive et s'offensait de la résistance. Sa hardiesse habituelle puisait de nouvelles forces dans la difficulté des obstacles. Les puissantes Coalitions des peuples du Nord ne purent l'ébranler. A Presbourg, il leur criait : « Ma volonté ou la guerre; » et en 1813 : « Point de traité, ... de la mitraille. »

Immuable dans ses desseins, ce vainqueur des Rois a ordonné sans émotion, des combats qui devaient décider du sort des royaumes. Il voyait d'un œil sec, s'exécuter des mouvements qui allaient promener la mort au milieu d'innombrables cohortes. Dans ces tragédies sanglantes, dans ces épouvantables boucheries, le cliquetis des armes, les hennissements des chevaux, la voix des trompettes, les cris des blessés, le bruit du tonnerre le trouvaient impassible et froid : — c'était l'homme du Destin sur les champs de bataille. Avec quelle héroïque résignation n'a- t-il pas résisté à sa chute immense? — Quelle énergie ne lui a-t-il pas fallu pour supporter les tourments de sa longue agonie? «La nature, a-t-il dit, semblait m'avoir calculé pour les grands revers; ils m'ont trouvé une âme de marbre; la foudre n'a pu mordre dessus, elle a dû glisser. »

❧

Cette volonté forte , ce caractère tenace s'étaient révélés de bonne heure. Son maître de quartier l'ayant un jour condamné à dîner à genoux, à la porte du réfectoire, et à porter l'habit de bure, le petit Bonaparte avait déjà tant d'amour-propre et de fierté intérieure, qu'il fut saisi, au moment de la punition, d'un vomissement subit et d'une violente attaque de nerfs.

———o—◇✖◇o——

Napoléon Bonaparte tenait la tête droite ; ses manières étaient réservées et pleines d'autorité : on eut dit, que le désir du pouvoir, lui avait donné le droit de commander. — Surtout après Lodi, il eut la *conviction de sa prééminence,* et il commença dès lors à donner cours à ses idées d'élévation. Tout voulut lui sourire. Le Sort ne lui suscitait des difficultés, que pour lui laisser le mérite de les surmonter. Ses triomphes passés devenaient des gages de ses succès futurs. Sa renommée s'étendait avec sa puissance et tout semblait concourir à sa vaste grandeur. Les faisceaux de sa pesante Dictature se couvrirent de lauriers. Le soldat qui avait refusé l'humble feuillage de chêne, devenu Consul, saisit avidement le diadême impérial et le sceptre des Lombards. Le dimanche deux décembre mil huit cent quatre, on entendait crier, par un héraut d'armes, dans Notre-Dame de Paris · « Le Très-Glorieux et Très-Auguste Empereur des Français est couronné. » — Son bonheur paraissait sans limites.

———o—◇✖◇o——

Les organes phrénologiques acquièrent du développe=
ment jusque vers quarante ans.

A cet âge, la soif de célébrité et des grandeurs, dont
l'Empereur-et-Roi était dévoré, se trouvait donc à son
paroxisme. Aussi son *ambition* délirante n'était-elle
pas encore satisfaite des gloires qu'il avait conquises.
— Il créa une noblesse populaire et prétendit, comme
Constantin, à la suprématie religieuse. Enivré de sa
fortune, il voulut distribuer des couronnes à toute sa
famille. Sa main donna des rois à la Bavière, à la Saxe,
à la Westphalie, au Wurtemberg, à la Hollande. Ses
baïonnettes chassèrent les Bourbons, de Naples et de
Madrid, et la famille de Lorraine, de l'Allemagne et de
l'Italie. L'Occident Européen était à ses pieds, et il convoi=
tait le Monde. Devenu l'allié de la Maison d'Autriche, par
son union avec la fille des Césars; pourvu d'un héritier
dont le hochet fut un bandeau royal, monarque constam=
ment heureux, Napoléon crut en lui; il eut une sorte de
superstition envers lui-même, et, ainsi que Pie VII le lui
avait dit, il se crut un moment l'homme de la Providence.

❀

En 1810, l'Empire Français, avec ses royaumes secon=
daires, ses Duchés, la Confédération du Rhin et la Média=
tion Suisse, maîtrisait l'Europe. Cent vingt millions
de Sujets obéissaient à son Chef, surnommé le-Grand,
et celui-ci rêvait la Monarchie Universelle.

QUATRIÈME GROUPE.

ESPÉRANCE, MERVEILLOSITÉ, IDÉALITÉ, VÉNÉRATION,
BIENVEILLANCE ET CAUSALITÉ.

Cette ambition qui perdit Bonaparte, était cependant tempérée par des idées *bienveillantes* et *justes*. Il avait, dit Las-Cases, un grand fonds de justice et une disposition naturelle à s'attacher. Entre Napoléon et ses compagnons d'armes, il existait une solidarité intime à laquelle il ne manqua jamais. Il pleura Desaix, Lannes, Bessières, Duroc; combla de biens le duc de Dantzick, et ses adieux à Fontainebleau furent déchirants.

L'Empereur se faisait un devoir de rémunérer les belles actions, et maintefois il détacha de sa boutonnière l'Étoile d'Honneur, pour en décorer la bravoure ou la science. Il vota des statues à Joubert, à Hoche, à Marceau, et fit relever les monuments de Condé, de Turenne et de Vauban. — Au faîte de la puissance, il honore le courage malheureux, respecte toutes les renommées et salue, dans Berlin, le buste du fondateur de la Monarchie Prussienne. N'abusant jamais de la victoire, il protége partout l'ordre public, les personnes et les propriétés. Sa philanthropie crée les Dépôts de Mendicité, institue les Sociétés Maternelles, rétablit les Sœurs de la Charité et dote les Hospices. Sa générosité pardonne au duc de Weymar et au prince de Hatzfeld. Sa magnanimité lui fait même quelquefois.

perdre le fruit de ses triomphes et consentir des armis=
tices qui sauvent ses ennemis. Enfin il refond les lois et
présente aux peuples reconnaissants, des Codes dignes
de l'admiration de nos derniers neveux.

Et quand Bonaparte désirait gagner les cœurs, de
quel pouvoir magique ne semblait-il pas user? Il a reçu
les témoignages les plus sincères de l'enthousiasme public,
et provoqué des acclamations d'une ivresse qui tenait du
délire. Des milliers d'hommes ont fait, pour lui, avec
dévouement, le sacrifice de leurs vies. Qui ne se rappelle
son triomphal et fabuleux voyage de Cannes à Paris! Quel
charme n'a-t-il pas fait régner dans son intérieur, par
la grâce enchanteresse de ses manières! Et après ses bou=
tades, il ne négligeait rien pour consoler ceux qu'il avait
maltraités : c'était un ton, un abandon affectueux, une
douceur inexprimable, où se peignaient sa bienveillance
et ses regrets.

❀

Les codiciles de son testament éternisent les noms de
ses premiers bienfaiteurs, et ses dispositions dernières
se souviennent de tous les services. — Quelles tristes
réflexions sur la fragilité des prospérités humaines, ne
dut pas faire celui qui avait commandé en maître aux
Tuileries, à l'Escurial, au Vatican, à Schœnbrun, à
Postdam, au Kremlin, et qui, mourant sur son calvaire,
n'avait pas d'héritage à laisser à son fils !!

Cependant la conscience que Bonaparte avait de sa supériorité ne l'abandonna point. Avant de retourner à Dieu, l'immortel prisonnier de Sainte-Hélène : désire que le faible legs qu'il fait à son enfant, lui soit cher, comme lui retraçant le souvenir d'un père, *dont l'Univers l'en= tretiendra.*

———◦✦❈✦◦———

Comment Napoléon, élevé dans des idées d'ordre et de subordination, imbu des préjugés de caste qui lui firent rechercher les Émigrés, a-t-il pu s'associer à la Révolution, songer à dominer une république, et être assez hardi pour s'asseoir sur le trône, en comprimant la liberté, source de son élévation première ? C'est qu'outre son *Énergie,* son *Savoir-faire,* son *Ambition* et la *Conscience de sa valeur personnelle,* Napoléon était fortement doté de l'organe de l'*Espérance,* qui lui faisait regarder comme possible, ce que beaucoup d'autres organisations puis= santes n'auraient considéré, que comme des rêves d'une imagination malade.

❧

Lui, il a foi dans sa destinée ; l'avenir se présente plein d'illusions ; aussi l'espoir du succès brille dans ses yeux, dirige toutes ses actions, domine tous ses discours. — Le tonnerre grondera sur les révoltés du Caire. Les

flots soulevés de la Méditerranée s'apaiseront sous le for=
tuné navire du futur César. Le boulet qui pourrait l'at=
teindre n'est pas encore fondu. Respecté par la mitraille,
il se croira invulnérable comme Achille. Il désignera
les lieux et, pour ainsi dire, les jours où il vaincra ses
ennemis. Une main providentielle écartera de lui toutes
les catastrophes et détournera les poignards des assassins.
Il échappera miraculeusement à la machine infernale.
Les grands événements de sa vie correspondront à d'heu=
reux anniversaires : Friedland et Marengo ; Austerlitz,
la Moskowa et le Couronnement ; la rentrée à Paris et
la naissance du Roi de Rome. Certains mois lui seront
toujours favorables. Le soleil luira sur toutes ses splen=
deurs, et les éléments même paraîtront obéir à sa voix.

❀

Mais cette confiance, que ses prospérités n'avaient fait
qu'entretenir, devint fatale à Bonaparte. Elle causa ses
désastres, dans deux circonstances décisives.

Le vingt-quatre juin mil huit cent douze, l'Autocrate
français passe le Niémen, en s'écriant : « La Russie est
entraînée par la fatalité, ses destins doivent s'accomplir. »
Cependant, à la vue des Steppes, au souvenir de Charles xii,
il veut s'arrêter à Witepsk, pour n'aller à Moscou que
l'année suivante, et à Saint-Pétersbourg, qu'en mil huit
cent quatorze. Mais Alexandre Paulowitz lui montre

ses Cosaques, et Napoléon, entraîné par sa *Combativité,* s'élance à leur poursuite, les harcèle, les bat à Smolensk, à la Moskowa, et entre silencieux, le quatorze septembre, dans la vieille capitale de l'Empire Russe, à Moscou, que le tartare Rostopchin a vouée aux flammes et à la destruc= tion. L'Empereur des Français ne peut encore croire à l'adversité ; dans l'enivrement des conquêtes, sa foi en son Étoile, qui pourtant s'éclipsait, n'est point ébranlée. La Fortune ne voudrait pas le trahir ; il tourne les yeux vers Pétersbourg, comme vers un fallacieux mirage, et veut attendre de meilleurs jours, en s'établissant aux tristes lieux d'où les frimats vont bientôt le chasser. Eux seuls rappellent au soldat couronné, la possibilité des défaites. Un affreux désastre anéantit en quelques nuits, l'armée la plus forminable et la mieux disciplinée que l'or= gueil de l'homme ait jamais réunie ; et, autre Xerxès, Napoléon, qui a perdu en cinq jours, un monde de sol= dats, arrive seul, le dix-huit décembre, dans Paris épouvanté ! — Son auréole s'était éteinte.

A la fin des Cent jours, le monarque déchu ne savait à quoi se résoudre : sa grande âme ne voulait pas, ainsi que Charles-Martel, reculer vers la Loire, ni exposer la France. L'ex-Empereur comptait encore sur quelque combinaison favorable qui put le sauver. Il songe à passer aux États-Unis ; mais enveloppé de toutes parts, il avait trop d'*Estime* de lui-même et trop de *Prudence,* pour risquer d'être capturé comme un aventurier ou coulé bas comme un pirate. — Il se persuada que son illustration et les vicissitudes de son étonnante carrière, l'entoureraient d'un prestige qui défendrait sa personne sacrée. Cette confiance, qui faisait autrefois sa force , le poussa à écrire au Régent d'Angleterre, la lettre mémo= rable où , comme Thémistocle, il demande à s'asseoir au foyer de sa plus constante ennemie. — C'est le dernier acte de sa liberté. — L'exemple d'Admète était perdu ; la foi punique seule survivait, et elle allait consommer la plus odieuse violation des droits du malheur et de l'hos= pitalité. — Le sept août mil huit cent quinze, Bona= parte, désillusionné, dut s'apercevoir, en montant sur le *Northumberland,* que son exil avait commencé ; qu'une prison étouffante allait s'ouvrir pour lui, et qu'une politique égoïste , vindicative et sacrifiant à la peur, après l'avoir soustrait au monde et à tout ce qu'il avait de plus cher, sans respect pour son auguste infortune , attendrait avec impatience , l'instant de pouvoir rayer du nombre des vivants, le moderne Prométhée.

Sans doute, Napoléon naquit à propos ; mais les his= toriens devront pourtant convenir, que les événements seuls ne l'ont pas rendu célèbre ; ils reconnaîtront qu'il existait dans cet homme admirable, des qualités toutes personnelles, qui ont rendu son nom universel et qui le font apparaître lumineux dans les fastes historiques.

Jamais peut-être, a dit son secrétaire Meneval, la Nature humaine n'accomplira de plus grandes choses, que celles qu'a réalisées cet Être privilégié, en si peu d'années, à travers tant d'obstacles; et qui ne sont pas au-dessus de celles dont les projets étaient en réserve dans sa tête puissante.

Nous allons voir combien les organes de l'*Idéalité* et de la *Merveillosité* marquent dans sa miraculeuse existence.

Les Amplifications de Bonaparte écolier venaient, d'après Domairon, son professeur, d'un cerveau de granit chauffé dans un volcan. A la manière des Orientaux, le Chef de l'expédition d'Égypte s'exprimait souvent par images. Son langage est pompeux, ses proclamations sont remplies d'invocations aux grands exemples de l'Anti= quité.

Dans ses harangues, il déployait une forte puissance d'émotion et une grande élévation de pensées. Il aimait le Sublime, et sa voix chérie du brave, communiquait son enthousiasme aux armées. Il faisait tout pour la Postérité, qu'il appelait la véritable immortalité de l'âme, et répétait sans cesse : « Que dira l'Histoire? »

Tourmenté du désir honorable de vivre dans l'avenir,

il prétendit effacer les Romains et laisser des traces gigan=
tesques de son passage ici-bas. D'impérissables monuments
devaient perpétuer son glorieux souvenir. La route du
Simplon, le canal de Saint-Quentin, les fortifications
de Flessingue, l'arc de triomphe de l'Étoile, les bassins
d'Anvers, le port de Cherbourg, les embellissements de
Paris en sont, parmi tant d'autres, d'éclatants témoi=
gnages.

Il s'ingénia à donner des fêtes grandioses. La déli=
vrance des Aigles au Champ de Mars ; la distribution
au Camp de Boulogne, dans le fauteuil de Dagobert, des
croix-d'honneur placées dans le casque de Duguesclin ;
l'arrivée des chefs-d'œuvre des arts ; les cérémonies du
Couronnement présidées par le Prince de la Chrétienté ;
la fête de la Paix donnée aux Confédérés du Rhin ; tout
se fit avec un appareil jusqu'alors inconnu.

Napoléon bâtissait ainsi son immortalité.

❀

Passionné pour sa propre gloire, comme pour celle de
la France, ce héros désire surpasser toutes les illustrations
militaires. En Syrie, il cherche à faire oublier les Croisés ;
il tente, comme Alexandre, de soumettre l'Orient à ses
armes, inscrit son nom au Sinaï, à côté de celui de Sala=
din, foule la terre des Pharaons et arbore son drapeau
sur le sommet des Pyramides. Il se montre supérieur à
Scipion en Espagne, à Annibal en Italie, et à Gustave=

Adolphe en Allemagne ; refoule les hordes de Pierre-le-Grand, bat les soldats de Fréderic et détruit le Monument de Rosbach ; dépasse César par ses conquêtes et ses Mémoires, et forme un empire plus étendu que celui de Charlemagne.

Napoléon aimait les conceptions fantastiques d'Ossian. Il croyait qu'une heureuse étoile gouvernait ses hautes destinées ; et voyez pourtant le hasard : une comète étincelante et magnifique sembla présider à sa naissance en 1769 ; la belle comète de 1811 marqua l'apogée de son bonheur ; et, de son triste rocher, Napoléon, apprenant l'apparition de la comète de 1821, prédit lui-même sa mort.

Que faut-il penser de cette foi dans la fatalité ? — Sa fortune c'était son génie ; son bonheur venait de ses calculs ; ses succès provenaient de la simultanéité de son action avec sa pensée et de son incomparable audace. Orgueilleux Titan, il se complaisait dans les tempêtes politiques. La guerre était son penchant et la domination son but.

L'homme supérieur s'est démontré. Mais en Phrénologie l'exaltation de certains organes amène nécessairement la dépression de certains autres. La puissance absolue des premiers produit la faiblesse relative des seconds, dans une proportion particulière au sujet.

Quoique pourvu d'un cerveau volumineux, et l'un des plus pesants connus, Napoléon, si remarquable par certaines protubérances, devait donc être faible, au moins proportionnellement, sous quelques rapports. C'est par là qu'il payait son tribut à la fragilité humaine.

✿

L'organe qui rapproche l'homme de la Divinité, celui de l'absolue *Sagesse*, n'était pas saillant chez Bonaparte. De là sont provenues sa décadence et sa chûte. Personne n'oserait énoncer que Napoléon ne possédait pas un jugement solide ; mais son intelligence ne concordait pas avec ses autres facultés, et de plus, il était dominé par de puissants instincts. A la fin de 1812, ne l'a-t-on pas entendu attribuer à l'Idéologie, qu'il qualifiait de ténébreuse métaphysique, tous les malheurs de la France.

Napoléon Bonaparte n'était pas sensible à l'*Harmonie;* il chantait faux ; les *Beaux-Arts* ne l'émurent guère, les organes afférents sont sans développement sur son crâne. — Ses yeux enfoncés dans leurs orbites, démontraient l'absence de la *Mémoire des mots :* aussi l'Empereur avait très-peu de littérature, et détestait-il les gens de lettres. Il n'était pas orateur : il le prouva le dix-neuf brumaire au Conseil des Anciens et dans la plupart de ses allocutions. Ses discours sont décousus, ses phrases saccadées ; sa brève éloquence tenait à son talent des rapprochements historiques, à son ardente imagination et aux circonstances imposantes dans lesquelles il se trouva. — Bauër, son professeur d'allemand, ne put jamais lui faire faire aucun progrès dans la langue ger= manique. Il ne sut pas plus de latin. Enfin, il n'avait aucune orthographe.

Napoléon n'était *pas* né *gourmand ;* ses repas furent courts, de vingt minutes au plus, et se composaient le plus souvent d'une aile de poulet et d'un verre de Cham= bertin, ordinairement trempé d'eau. Il supportait facile= ment les plus grandes privations et n'était *point attaché à la vie.* — Il n'était pas non plus et ne pouvait être *poète* ni *bel esprit.* Les écrivains de l'Empire sont géné= ralement pâles et décolorés, abstraction faite du mutisme politique commandé par la police de Fouché ou celle de Savary. — Bonaparte aimait les femmes, mais il n'était pas dans sa nature d'être galant : il les regardait comme une nécessité, un délassement.

Quant à sa *Piété :* élevé dans le Catholicisme italien, Napoléon rouvrit les églises, fit le Concordat de 1802 et voulut être sacré avec l'huile sainte ; mais aussi, imita= teur de Philippe-le-Bel, il fit enfermer le Pape et le raya de la liste des princes temporels.

Doué des Organes qui caractérisent les grands capitaines, Bonaparté devint conquérant : son Ambition démesurée le créa Empereur, et sa bouillante Imagination ne lui fit trouver rien d'impossible, dans ce que l'Humanité peut concevoir de plus grand. — Mais la force de ses Pen= chants causa sa perte.

Tel a été Napoléon ; tout prouve qu'il a marché selon les exigences de son *organisation phrénologique*. Instrument des causes finales, il a rempli sa tâche et suivi les voies de l'Éternel.

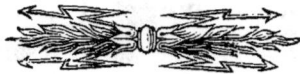

Notre tableau serait-il chargé? — Non ; l'Empereur lui-même en a reconnu les traits les plus saillants. « Sur quoi, disait-il, pourrait-on m'attaquer, qu'un historien ne puisse me défendre? Serait-ce sur mes intentions? Mais il est en fonds pour m'absoudre. Mon *despotisme?* Mais il démontrera que la Dictature était de toute néces= sité. Dira-t-on que j'ai gêné la liberté? Mais il prouvera que la licence, l'anarchie, les grands désordres étaient encore au seuil de la porte. M'accusera-t-on d'avoir trop aimé la *guerre?* Mais il montrera que j'ai toujours été attaqué. D'avoir voulu la *monarchie universelle?* Mais il fera voir qu'elle n'eut été que l'œuvre fortuite des circonstances : que ce sont nos ennemis eux-mêmes qui m'y conduisirent pas à pas. Enfin sera-ce mon *ambition?* Eh! sans doute, il m'en trouvera, et beaucoup; mais de la plus grande et de la plus haute qui fût peut-être jamais! Celle d'établir, de consacrer enfin, l'empire de la raison et le plein exercice, l'entière jouissance de toutes les facultés humaines.

Pourquoi donc a-t-il péri? — Parce qu'il n'eut pas cette ambition humanitaire; et il ne l'eut point, parce que l'*Organe Philosophique* était peu saillant sur sa tête ; tandis que ceux de l'*Ambition* personnelle et de la *Combativité* s'y trouvaient trop développés.

La Révolution Française ne fut pas seulement un événement historique remarquable; c'était encore un pas de géant dans la carrière du progrès social. Le crime ou la folie de Napoléon, c'est d'avoir voulu l'arrêter, lui qui pouvait, Nouveau Messie, apporter la liberté au Monde.

Les violents agitateurs avaient disparu comme leurs

victimes. La Nation était fatiguée et la République sans Chef. Recommandé par sa gloire, que sa jeunesse rendait plus étonnante, le Général Bonaparte aspira à gouverner son pays. Il avait fait naître tant d'espérances, qu'il y parvint sans peine. Tout marcha d'une manière admirable jusqu'à la paix d'Amiens. Alors, libérateur magnanime, que ne donnait-t-il à la France, à l'exemple de Washington, une Constitution sage et réclamée par la civilisation? — Mais il ne crut pas aux besoins moraux du peuple, qui avait tout souffert pour les voir satisfaits. L'égoïsme l'emporta : les limites mêmes du pouvoir consulaire devinrent trop restreintes pour ses ambitieuses prétentions, que la pourpre des rois pouvait seule contenter.

Au lieu de rester l'idole des Français, il s'en fit le tyran. A chaque victoire il attenta aux libertés populaires : il supprima le Tribunat, leur dernier refuge ; rétablit la Censure et les Majorats ; créa des tribunaux d'exception ; enchaîna la Presse ; exigea le dénombrement des journaux ; viola le Jury et méconnut la Souveraineté Nationale, seul titre de sa puissance. Comme Louis xiv, il osa dire que l'État c'était lui, et sa politique absorbante et soupçonneuse détesta l'égalité ; il ne reconnut plus que la force du glaive. — Les élans patriotiques furent comprimés et les esprits détournés des idées graves. C'est ainsi qu'il attacha à son nom, la haine de tous les amis de la Liberté et pesa sur sa patrie, qui le laissa tomber.

A son retour de l'île d'Elbe, il ne revint ni plus libéral ni moins ambitieux. L'Acte Additionnel aux Constitutions n'est qu'une Charte dérisoire, qui consacre le régime tyrannique de mil huit cent douze et tous les abus de l'ancienne monarchie. Aussi l'Empire galvanisé ne peut-il revivre, et Bonaparte, trahi, abandonné, disparaît-il de la scène du monde, pour aller mourir délaissé, dans l'Océan Indien. — Triste dénoûment du drame le plus solennel, qui ait jamais été joué à la face des Nations!

Si au coupable et dangereux orgueil (dit l'un de ses biographes), d'être le conquérant et l'oppresseur de l'Europe, il eut préféré la gloire solide et durable d'être le fondateur de la liberté de sa patrie, les regrets. les vœux, le deuil de l'univers l'auraient suivi à S.te-Hélène; le cri de l'Allemagne ne s'éleverait pas contre lui : la Russie ne lui reprocherait pas ses champs ravagés, la Pologne et *l'Italie, ce berceau de sa célébrité,* leurs espérances déçues; l'Espagne, le sang de ses citoyens; la France, tous les malheurs de deux invasions et *la mort d'un million de ses enfants, renversés par le vent des batailles...* La cause de Napoléon serait celle du genre humain, et le rocher de Sainte-Hélène eut été le trône de sa gloire;... ou plutôt, quels rois auraient osé combattre, et quelles forces auraient pu vaincre le grand homme. qui, au nom de la Nation Française, rendue à l'indépendance par ses

victoires et à la liberté par ses Institutions, aurait offert
à tous les peuples, l'alliance et l'exemple de son pays!

Mais jetons un crêpe sur ses fautes : son malheur les a
lavées. Oublié vingt années, comme il avait été vingt ans
l'objet de l'attention du Monde, NAPOLÉON BONAPARTE
est enfin sorti radieux de son sépulcre. A la voix d'un
peuple entier, l'un des généreux fils du plus prudent
des rois, a ramené les débris du plus grand destin.
Endormi dans son manteau de guerre, le colosse d'airain
est revenu dans Paris, se reposer aux Invalides, sous les
drapeaux qu'il a conquis ; et vrai dieu de ce Capitole,
ses cendres vénérées protégeront encore la France.

SOMMAIRE DU DISCOURS.

LUX ALTERA MUNDI

1835 1835

1841

www.ingramcontent.com/pod-product-compliance
Lightning Source LLC
LaVergne TN
LVHW022038080426
835513LV00009B/1120